AF312070

VENTE

HOTEL DROUOT, SALLE N° 11

Le Vendredi 3 Juin 1904

à deux heures et demie

OBJETS D'ART

ET D'AMEUBLEMENT

du XVIIIᵉ Siècle

TAPISSERIES

Appartenant à Mᵐᵉ A. D...

COMMISSAIRE-PRISEUR

Mᵉ LAIR-DUBREUIL

6, Rue de Hanovre, 6

EXPERTS

MM. MANNHEIM

7, Rue Saint-Georges, 7

OBJETS D'ART

ET

D'AMEUBLEMENT

du XVIIIe Siècle

Appartenant à Mme A. D...

CONDITIONS DE LA VENTE

Elle sera faite au comptant.

Les acquéreurs paieront *dix pour cent* en sus des prix d'adjudication.

L'exposition mettant le public à même de se rendre compte de l'état des objets, il ne sera admis aucune réclamation une fois l'adjudication prononcée.

Paris. Imp. Georges Petit, 12, rue Godot-de-Mauroi. — 14397-04.

CATALOGUE

DES

OBJETS D'ART

ET

D'AMEUBLEMENT

Du XVIIIe Siècle

SCULPTURES, PENDULES, BRONZES

SIÈGES COUVERTS EN TAPISSERIE

MEUBLES — TAPISSERIES

Appartenant à Mme A. D...

ET DONT LA VENTE AURA LIEU A PARIS

HOTEL DROUOT, Salle N° 11

Le Vendredi 3 Juin 1904

à 2 heures 1/2

COMMISSAIRE-PRISEUR	EXPERTS
M. LAIR-DUBREUIL	**MM. MANNHEIM**
6, Rue de Hanovre, 6	*7, Rue Saint-Georges, 7*

EXPOSITION PUBLIQUE

Le Jeudi 2 Juin 1904, de 1 heure 1/2 à 5 heures 1/2.

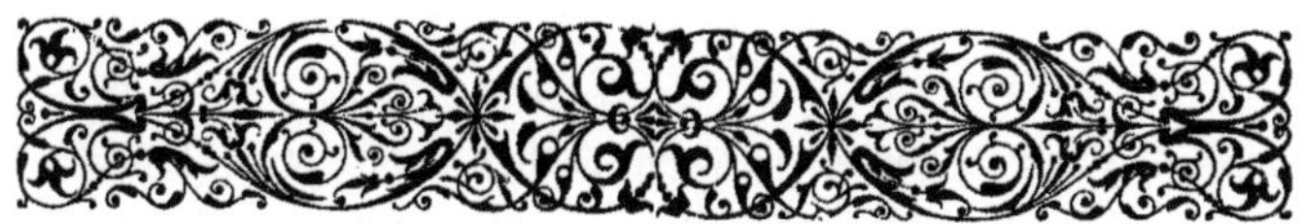

DÉSIGNATION

OBJETS DIVERS

1 — TASSE ET SOUCOUPE en ancienne porcelaine de la Compagnie des Indes : le Christ crucifié.

2 — DOUZE TASSES AVEC SOUCOUPES en ancienne porcelaine de la Compagnie des Indes, à décor de monogrammes couronnés et de fleurs.

3 — DEUX CORBEILLES AVEC PLATEAUX ET SIX ASSIETTES AJOURÉES, à décor bleu, rouge et or, de fleurs. Japon.

4 — PETIT MODÈLE DE COMMODE LOUIS XVI à trois rangs de tiroirs, en bois de placage, avec garnitures de bronzes.

5 — GRANDE COUPE sur piédouche, en **argent** repoussé, à médaillons, bustes et feuillages. XVIIe siècle.

6 — STATUETTE en marbre blanc de jeune **femme** drapée à l'antique, assise, occupée à lire. Époque Louis XVI. Socle en marbre rouge-griotte.

7 — PETIT BUSTE DE FEMME en marbre blanc, vêtue d'une chemisette décolletée, les cheveux frisés retenus par des rubans. Commencement du XIXᵉ siècle.

8 — BUSTE en marbre blanc, grandeur nature : Mᵐᵉ Dubarry.

BRONZES — PENDULES

9 — APPLIQUE à deux lumières en bronze doré, à décor de feuillages. Époque Régence.

10 — DEUX FLAMBEAUX en marbre blanc et bronze, à décor de petites feuilles. Époque Louis XVI.

11 — CARTEL en bronze doré, à décor de guirlandes de laurier et vase. Mouvement à tirage. Signé : *Mailand, à Paris*. Époque Louis XVI.

12 — DEUX GRANDS CANDÉLABRES à six lumières, formés chacun d'une statuette en marbre blanc d'enfant nu debout, du XVIIIᵉ siècle, tenant une corne d'abondance en bronze doré et de travail moderne, d'où s'échappe le bouquet de lumières.

13 — DEUX CANDÉLABRES en bronze à trois lumières, à bases et tiges ajourées garnies de fleurettes en porcelaine. XVIIIᵉ siècle.

14 — CAGE DE PENDULE en bronze doré, surmontée d'une figurine d'amours accostée de deux volutes et ornée, sur la base, d'une frise de jeux d'enfants. Fin du XVIIIᵉ siècle.

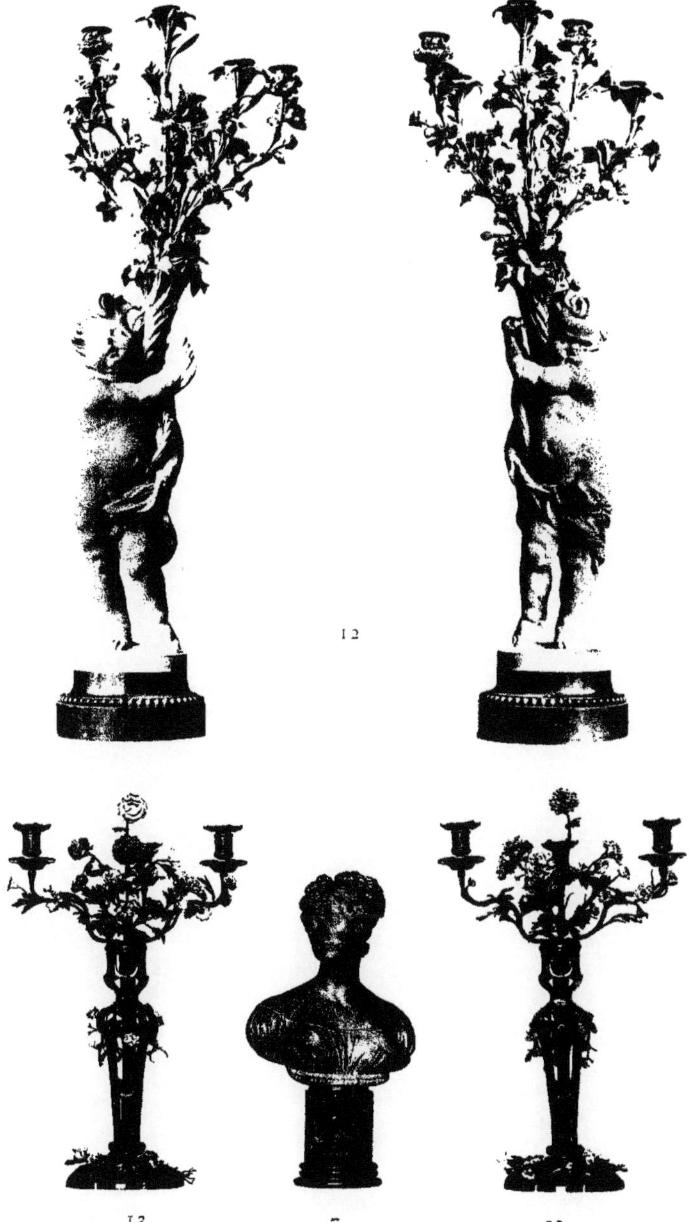

12

13   7   13

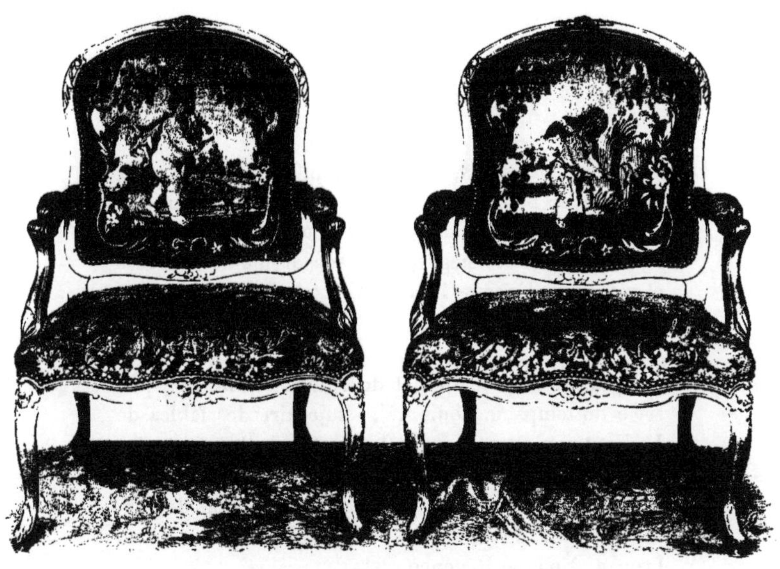

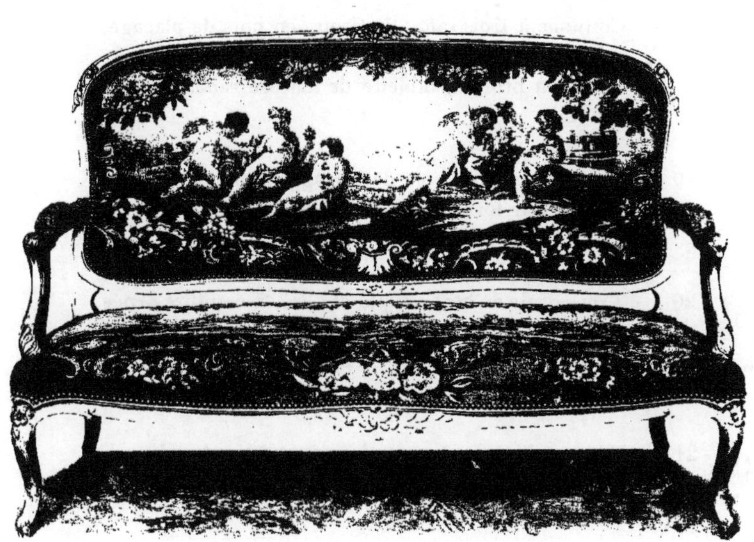

MEUBLES

15 — **Meuble de salon**, composé d'un canapé et de six fauteuils en bois sculpté et doré, couvert en tapisserie d'Aubusson à dessin de jeux d'amours sur les dossiers, d'animaux sur les sièges, avec encadrements de fleurs et rinceaux. Époque Louis XV. Le bois du canapé est moderne.

16 — **Écran** en bois sculpté et doré, avec feuille en tapisserie du temps de Louis XV, à sujet tiré des fables de La Fontaine et entouré de fleurs et rocailles.

17 — **Bibliothèque** à deux portes vitrées en bois de placage, ornée de rinceaux, mascarons et chûtes en bronze. Époque Régence.

18 — **Commode** à trois rangs de tiroirs en bois de placage, garnie de poignées à médaillons, chutes et entrées de serrures en bronze ; tablette de marbre ranz. Époque Louis XV.

19 — **Table-rognon** en bois de placage, à damier, contenant un tiroir formant bureau et avec tablette d'entre-jambes. ~~Époque Louis XV~~.

20 — **Table** ovale en bois sculpté et doré, à ceinture ornée de feuillages et sur quatre pieds cannelés reliés par un croisillon surmonté d'une corbeille de fleurs. Tablette de marbre. Époque Louis XVI.

21 — **Médaillier** à portes et tiroirs en bois de placage garni de bronzes, dessus de marbre. Époque Louis XVI.

22 — GRAND TRUMEAU en bois sculpté et doré, à grosses fleurs et rocailles ; la glace est surmontée d'une peinture, bouquet de fleurs. XVIIIᵉ siècle.

23 — SECRÉTAIRE en bois noir, à abattant d'ancienne laque : vue de ville. Garnitures de bronzes. Dessus de marbre vert de mer.

24 — PARAVENT à trois feuilles d'ancien brocart à fleurs sur fond vieux-rose.

25 — BIBLIOTHÈQUE à trois portes vitrées en bois de placage à quadrillés, avec peinture au vernis sur la porte du milieu. Encadrements et chutes en bronze doré. Style Louis XV.

26 — DRESSOIR de style gothique, à décor de fenestrages, arcatures et armoiries.

TAPISSERIES

27 — TAPISSERIE flamande de la fin du XVIIᵉ siècle, à sujet de bacchant et bacchante, dans un paysage montagneux, bordure à feuilles et carquois.

Haut., 3 m. 30 ; larg., 4 m. 10.

28 — PANNEAU en tapisserie de Lille du XVIIIᵉ siècle, présentant deux personnages assis sur un banc dans la campagne, dans la manière de Téniers. *Atelier de la veuve de Guillaume Warniers.*

Haut., 1 m. 25 ; larg., 1 m. 17.

29 — **Tapisserie** d'Aubusson du temps de Louis XV :
Flore et les amours. Fond de paysage. Bordure marron
à rocailles et fleurs.

Haut., 2 m. 60 ; larg., 2 m. 50.

30 — **Deux fragments de bordures** à grosses feuilles sur
fond rouge, en ancienne tapisserie.

Haut., 90 cent.

31 — **Fragment d'ancienne tapisserie** : paon et fontaine.

Haut., 98 cent.; larg., 1 m. 35.

GAZETTE
DE
L'Hôtel Drouot

JOURNAL SPÉCIAL DES VENTES PUBLIQUES
A l'Hôtel des Ventes, dans et hors Paris, en Province et à l'Étranger
PARAISSANT LES MARDI, JEUDI & SAMEDI
Du 15 Juillet au 15 Octobre, les MERCREDIS & SAMEDI seulement

ON DÉPOSE LES INSERTIONS :
Au Bureau du Journal, 8, rue Milton

ANNONCES : 1 fr. 50 la ligne | RÉCLAMES : 3 fr. la ligne

ADMINISTRATION & RÉDACTION
8, RUE MILTON, 8
— PARIS —
TÉLÉPHONE 139-74   TÉLÉPHONE 139-74

ABONNEMENTS

	PARIS	DÉPARTEMENTS	ÉTRANGER
1 an	20 fr.	22 fr.	24 fr.
6 mois	15 fr.	16 fr.	18 fr.
3 mois	8 fr.	9 fr.	11 fr.
1 mois	4 fr.	4 fr.	6 fr.

AVIS. — Toute personne ayant des Objets à vendre peut s'adresser, munie de pièces établissant son domicile et son identité, soit à l'Étude d'un Commissaire-Priseur, soit au Secrétariat de l'Hôtel des Ventes où tous les renseignements nécessaires lui seront donnés.

Les Ventes Prochaines

Vente de joyaux à Lyon

Lundi prochain 6 juin, on va vendre à **Lyon**, en l'Hôtel des Ventes, une belle rivière composée de 30 brillants anciens pesant environ 126 karats et un collier de 51 perles fines blanches et rondes du poids approximatif de 496 grains avec fermoir en brillants et perles.

Ces joyaux, qui seront mis en vente par M° Gazagne, commissaire-priseur, proviennent de la succession de Mme Léon Delaroche. Le produit de la vente de la rivière et du collier sera affecté, d'après la volonté de la défunte, à une œuvre de bienfaisance, « l'Œuvre des Enfants de la Montagne ».

Une photographie est en consultation à la *Gazette*.

CHRONIQUE DES VENTES

Jeudi, la vente des bijoux de la princesse Mathilde a produit 300,760 fr. sous la direction de M° CHEVALLIER et MM. MANNHEIM et FALIZE.

A cette vacation, nous avons eu encore un gros prix à enregistrer et certainement, toute proportion gardée, le plus élevé de la vente. Sur une demande de 110.000 fr., une paire de pendeloques formée de deux magnifiques perles poires blanches pesant environ 140 grains ont été adjugés **182.500** fr., soit 200.750 fr. avec les frais, à M. Grunwieg, en concurrence avec MM. Aucoc, Falkenberg et Mme Franck. Ce prix énorme, payé pour deux perles seulement, s'explique par la qualité de celles-ci. Ces deux perles étaient, une surtout, d'une régularité et d'une forme parfaites et sans aucun défaut, ce qui est très rare. De plus, elles étaient admirablement apairées. Après la vente, M. Grunwied les a cédées avec bénéfice à M. Grunsberg.

A côté de ce gros prix, M. Roseneau a donné 60.100 fr. pour une broche composée d'une grecque en brillants portant trois belles perles blanches poires et une perle bouton. Un grand nœud en brillants anciens a été payé 19.500 fr. par M. Steinher et une pendeloque formée d'un rubis d'Orient clair entouré de brillants est restée à M. Marcoso pour 16.000 fr.

Hier la vacation a produit 154.234 francs. Une branche de corsage forme rose en brillants a été payée 63.400 fr. par M. Javecirk. Un collier tour de cou de 7 perles grises avec entourage brillants est monté à 32.600 fr. et une grande boucle de ceinture en brillants a fait 17.700 fr.

Aujourd'hui a lieu la dernière vacation.

La vente après décès de M. le duc de V..., faite salle 6, par M. SAULPIC et MM. PAULME et LASQUIN, a produit 80.000 fr. environ. Une belle tapisserie des Gobelins de la tenture des Métamorphoses, représentant *Bacchus et Ariane*, a été adjugée 21.300 fr. à M. Romeuf, en concurrence avec MM. Helft, Paulme et Mirtyl, et sur une demande de 30.000 fr. Deux tapisseries flamande du XVIII° siècle à sujets mythologiques ont fait 3.055 et 3.005 fr. et une garniture de 21 pièces pour sièges en Savonnerie a atteint 0.600 fr., achetée par M. Velghes. M. Fabre a donné 2.600 fr. pour une grande pendule en marbre et bronze, époque Louis XVI, à sujet de femmes liseuses et M. Paulme a payé 4.000 fr.

deux grands candélabres, époque Louis XVI en bronzes à statuettes de femmes.

La vente des objets d'art appartenant à Mme A. D... faite par M° LAIR-DUBREUIL et MM. MANNHEIM, a produit 34.421 fr.

Un salon en bois sculpté, époque Louis XV, couvert en tapisserie d'Aubusson à amours et animaux, a été payé 19.100 fr. sur une demande de 15.000 fr. et une tapisserie flamande du XVII° siècle, représentant des bacchantes a atteint 2.450 fr. Deux grands candélabres formés de statuettes d'enfants en marbre du XVIII° siècle tenant une corne d'abondance en bronze de travail moderne ont été payés 3.500 fr. par M. Paquin, et deux autres en bronzes, époque du XVIII° siècle garnis de fleurettes en ancienne porcelaine sont restés à M. Kohn pour 2.800 francs.

A la salle 8, la première vacation de la vente de la collection de peintures et objets d'art japonais de M. Barbouteau, qui était dirigée par M° HUGUET remplaçant M. CHEVALLIER et assisté de M. BING, a produit 41.000 fr. Deux grands paravents attribués à Iwa Sa Maia bec ont été payés 5.000 fr. Un autre par Korin a fait 1.200 fr. et un autre par Tosune naibou : 1.500 fr.

A la salle 1, les deux premières vacations de la collection d'antiquités de M. E... faite par M° DELESTRE et MM. ROLLIN et FEUARDENT ont produit 32.800 fr. Une amphora à tableaux de style attique à figures noires, fin du VI° siècle a fait 1.500 fr. et un cylindre creux en poterie grossière de Rhodes à décor géométrique en noir a atteint 1.000 fr.

A la vente de la bibliothèque Godefroy de Mongrand faite par M° BOSSARD et MM. PAUL ET FILS et GUILLEMIN, un manuscrit du comte de Mongrand exécuté de 1856 à 1868 : *Armorial de Provence* a fait 1.210 francs.

Salle 9, une vente d'autographes faite par M° MALLET et M. CHARAVAY a produit 4.000 fr.

La vente des tapisseries des hospices **d'Orléans** faites par les commissaires-priseurs de cette ville assistés de M. BROUK a produit 43.950 francs.

Six fauteuils en bois sculpté époque Louis XV couverts en tapisserie d'Aubusson à sujets des Fables de La Fontaine ont été adjugés 13.000 francs et le même prix a été donné pour six autres semblables mais d'époque Louis XVI. Une tapisserie d'Aubusson du XVIII° siècle a atteint 1.800 fr. et deux devant d'autel en tapisserie 1.805 fr. Les autres prix ont varié entre 500 et 1.000 fr.

REVUE DES VENTES

VENTE faite salle 6, le 3 juin, par M° **SAULPIC** et MM. **PAULME** et **LASQUIN.**

Produit : 80.000 fr. environ
Collection de M. le duc de V...
Tableaux, Dessins

5. École française XVIII° s. Paysages animés de petites figures, 2 gouaches : 925.

Porcelaines et Faïences anciennes

16. Guéridon formé de 2 plats circulaires porc. de Chine, agrémenté de bronzes ciselés : 300. — 20. Potiche anc. porc. de Chine, monture bronze doré : 575. — 23. 2 petites jardinières anc. porc. de Chine famille verte : 600.

Bronzes d'ameublement

27. 2 candélabres formés d'un vase marbre bleu turquin, monture bronze ciselé et doré, à M. Lasquin : 1.410 — 28. 2 petits candélabres L. XV avec figurines et fleurettes porc. de Saxe : 1.500. — 29. 2 petits flambeaux ép. L. XVI, à M. Roblin : 500. — 30. Coupe porc. de Chine, monture bronze, Restauration : 155. — 31. Grande pendule ép. L. XVI en marbre blanc et bronze, deux figures assises, femmes liseuses en bronze patiné, à M. Fabre : 2.600.

32. 2 grands candélabres ép. L. XVI formés statuette de femme bronze patiné, socles en bronze doré, à M. Paulme : 1.000.

Objets divers

52. Bronze de Barye. Lion dévorant une gazelle, à MM. Arnold et Tripp : 405. — 59. Pendule religieuse bois mouluré, avec incrustations de marbre, ép. L. XIII : 125. — 61. Pendule bois laqué et bronze doré ép. L. XVI : 150. — 62. Pendule-applique ép. L. XV en corne verte incrustée de cuivre, ornée bronzes : 370.

Meubles anciens

63. Meuble-cabinet à tiroirs ép. L. XIII en ébène et os gravé, travail italien : 200 — 64. Meuble-cabinet à tiroirs ép. L. XIII en ébène avec appliques en bronze, travail espagnol : 142. — 65. Paravent en laque de Chine : 205. — 68. Table-bureau ép. L. XVI, bois de rose et filets : 115. — 69. Écritoire de bureau ép. L. XVI en ébène incrusté cuivre, à M. Suc : 3.500. — 70. Bureau plat ép. L. XIV ébène incrusté de cuivre et orné de bronzes : 220. — 71. Petit meuble d'entre-deux ép. L. XIV palissandre orné de bronzes ciselés : 205. — 73. Armoire noyer sculpté ép. L. XIV : 400. — 74. Armoire ép. L. XIV en ébène incrusté de cuivre, appliques bronze ciselé : 195. — 75. 2 vitrines noyer sculpté style L. XIII : 205.

Tapisseries

76. Tapisseries des Gobelins, pièces de la tenture des Métamorphoses, représentant Bacchus et Ariane (2m.40-4m.), à M. Romeuf : 21.300. — 77. Tapisserie flamande, du XVIII° siècle à sujet mythologique : composition de 10 personnages (2 m. 4 m.), à MM. de la Forêt et Maus : 3.055.

78 — Tapisserie flamande. XVIII° s., représentant le Jugement de Pâris, d'après Rubens (1m.75-2m.10), à MM. de la Forêt et Maus : 3.005.

80. 2 fragments tapisserie ancienne, sujet de chasse, à M. Caussade : 1.600.

Objets provenant du château d'A...
Tableaux

83. École française XVIII° s. Deux portraits de femme et jeune fille, peintures : 1.205.

Faïences et porcelaines

91. 8 plats anc. porc. de Chine famille verte : 565. — 92. 65 assiettes anc. porcel.

de Paris : 330. — 94. Groupe biscuit Lucré 300.

Objets divers

95. Coffre maroquin rouge ép. L. XV, orné dentelle aux petits fers, armoiries de France et de Pologne, ayant appartenu à Marie Leckzinska, à M. Lasquin : 800. — 96. 2 paires de bras-appliques ép. L. XVI, bronze ciselé et doré, à Mme Georges Lévy : 1.000. — 98. Grand Christ ivoire, style L. XIV : 425.

Meubles et Sièges

100. Commode ép. Régence mouvementée bois de placage, ornée de bronzes, à M. Dumas : 400. — 101. Petit bureau de dame ép. L. XV, à dos d'âne, bois de placage : 210. — 104. Commode ép. L. XV. contournée laque ornée de bronzes dorés : 1.105.

105. Console ép. L. XVI, forme 1 2-lune bois sculpté doré, marque du garde-meuble, Château de Saint-Cloud, à M. Paulme : 1.905. — 107. Armoire cintrée, chêne sculpté ép. L. XVI : 500. — 109. Fauteuil de bureau ép. L. XV, bois sculpté canné : 705.

Etoffes. Broderies. Sièges en savonnerie

115. Trois panneaux toile de Perse : 200. — 116. 2 grands bandeaux et broderie au petit point, ép. L. XIII, à M. Paulme : 555. — 117. Garniture de sièges de 21 morceaux ancienne tapisserie de la Savonnerie, ép. L. XV, à M. Velghes : 9.600.

COLLECTION DE Mme A. D...

VENTE faite salle 11, le 3 juin par M° **LAIR-DUBREUIL** et MM. MANNHEIM.

Produit : 34.421 fr.

Objets divers

3. 2 corbeilles avec plateaux et 6 assiettes ajourées, Japon : 170. — 4. Petit modèle de commode L. XVI bois de placage, garnitures de bronzes : 151. — 5. Grande coupe argent repoussé, XVII° s. : 300. — 6. Statuette marbre blanc de jeune femme, ép. L. XVI, à Mme Valtesse : 505. — 7. Petit buste de femme marbre blanc, com. XIX° s., à M. Janssens : 900. — 8. Buste marbre blanc, grandeur nature : Mme Dubarry, à M. Janssens : 260.

Bronzes. Pendules

9. Applique décor de feuillages, ép. Régence, à M. Helft : 126. — 11. Cartel bronze doré, ép. L. XVI, à M. Janssens : 420. — 12. 2 grands candélabres, formés chacun d'une statuette marbre blanc d'enfant debout, du XVIII° s., tenant une corne d'abondance en bronze doré et de travail moderne, à M. Paquin : 300. — 13. 2 candélabres en bronze bases et tiges ajourées garnies de fleurettes en porcelaine XVIII° s., à M. Kohn : 2.500. — 14. Cage de pendule en bronze doré, surmontée d'une figurine d'amour, sur la base, trise jeux d'enfants, fin XVIII° s. : 280.

Meubles

15. Meuble de salon (canapé et six fau-

teuils en bois sculpté et doré, couvert en tapisserie d'Aubusson à dessin de jeux d'amours et animaux. ép. L. XV : 10.100. — 16. Ecran bois sculpté et doré, avec feuille en tapisserie ép. L. XV, à sujet tiré des fables de La Fontaine : 710. — 17. Bibliothèque bois de placage, ornée en bronze, ép. Régence : 1.200.

18. Commode bois de placage, garnie de bronze, ép. L. XV, à M. Lagrange : 400. — 19. Table-rognon en bois de placage, ép. L. XV : 610. — 20. Table ovale en bois sculpté et doré, style L. XVI, à M. Paquin : 750. — 21. Médaillier à portes et tiroirs en bois de placage garni de bronzes, ép. L. XVI : 680. — 22. Grand trumeau bois sculpté et doré, glace surmontée d'une peinture, XVIII· s. : 500.

23. Secrétaire bois noir, à abattant d'ancienne laque, garniture de bronzes, dessus de marbre vert de mer : 105. — 24. Paravent d'ancien brocart à fleurs : 76. — 25. Bibliothèque bois de placage avec peinture au vernis, encadrements en bronze doré, style L. XV, à M. Queutel : 1.875. — 26. Dressoir style gothique : 305.

Tapisseries

27. Tapisserie flamande XVII· s., à sujet de bacchanal et bacchante, dans un paysage 2 m. 30-4 à . 10, à M. Armand Lévy : 2.450. — 28. Panneau en tapisserie de Lille du XVIII· s., personnages assis sur un banc dans la campagne, manière de Téniers, atelier de la veuve de Guillaume Warniers (1 m. 25-1 m. 17 : 760.

29. Tapisserie d'Aubusson ép. L. XV, Flore et les amours (2 m. 60-2 m. 50, à M. Mannheim : 1.400. — 30. Tapisserie d'Aubusson du XVIII· s., le tir à l'arc : 3.100.

COLLECTION Alfred BARRION

VENTE faite salle 10, le 24 mai, par M· **DELESTRE** et M. SAGOT.

ŒUVRES DE F. ROPS

Dessins

5. Chez Clairin, dessin de la pointe sèche : Peuple, au fusain et crayon noir, signée : 120. — 9. Lettre autographe de Henri Liesse, illustrée d'un dessin à la plume de F. Rops : 155.

Eaux-Fortes

46. La Grève, grande planche, ép. sur Japon : 100. — 47. La Grève, petite planche, série composée des 2e, 3e et 5e états, sur Japon et sur Hollande : 75. — 50. La Dernière Maja, 1er état sur Japon, signée : 110. — 69. Frontispice d'une suite d'œuvres libres, 4e état, épreuve sur Hollande : 150.

88. Imprudence, ép. sur Hollande du 1er état retouchée en couleur : 108. — 148. La vieille à l'aiguille. Garçon brasseur. Bébé. Lettrine au Terine et Sortie de bal, planche d'ensemble, 2e état, sur Japon : 150. — 149. L'Incantation, épreuve sur Japon, signée : 200. — 146. Le coup de la jarretière, sur papier ancien verdâtre, signée : 100.

Lithographies

210. La Peine de mort, épreuve d'essai sur blanc : 106. — 221. Un Monsieur et une dame, lithographie, ép. sur Chine : 122.

COLLECTION Ch. GILLOT

VENTE faite salle 8, les 15, 16, 18 et 19 avril, par M· **CHEVALLIER** et M. BING.

(Suite)

754. Buste de femme, et 755. Deux figures en buste : 53. — 756. Jeune femme vue à mi-corps, à M. Salomon : 220. — 757. Jeune femme s'essuyant l'oreille, à M. Fleury : 145. — 758. Courtisane en manteau rose, à M. Bing : 110. — 759. Jeune femme en robe claire, à M. Marteau : 315. — 760. Une dame debout : 67. — 761. Société en villégiature, à M. Seidlitz : 100. — 762. Diptyque. La cuisine : 190. — 763. Dans un vaste jardin un jeune homme élégant : 93.

764. Quatre jeunes femmes dans un kiosque, et 765. Dame se faisant présenter un miroir : 57. — 766. Mère allaitant son enfant, à M. Bing : 170. — 767. Courtisane assise sur un banc : 45. — 768. Groupe de deux dames, à M. Bing : 80. — 769. Deux estampes en hauteur, à M. Houdard : 100. — 770. Dame disposant des tiges de fleurs, et 771. Un petit enfant couché à plat ventre, à Mme Langweil : 122. — 772. Apprêts de sortie, et 773. Une ghécha quittant sa maison, à M. Bing : 110. — 774. Une jeune femme en peignoir, et 775. Rêve de fortune, à M. Cosson : 230. — Essai de réconciliation, et 777. Jeune fille en robe de gaze noire : 81. — 778. Jeune

femme serrant sur son cœur l'amant, et 779. Jeune homme coiffant un vieillard : 52.

780. Musicienne. Tireuse à l'arc : 56. — 781. Dames peignant des éventails. Préparatifs pour la dictée d'une lettre, et 782. Jeune tireur à l'arc. Lecture d'une lettre : 85. — 783. Couple de musiciens. Dame et fillette à la poupée : 784. Intérieurs de Yochiwara, et 785. Buveuse de saké. Samouraï et jeune seigneur au faucon, à M. Vigné : 80. — 786-787-788, 6 pièces : 75. — 789. Deux estampes : 16. — 790. Trois estampes : 68. — 791. Estampe. Courtisane debout : 50. — 792-793. Jeune femme attisant son braser. Personnage enlaçant son amante qui pleure : 82. — 794-795, 4 estampes en hauteur, à M. Langweil : 82. — 796. Estampe en hauteur, à M. Level : 27. — 797. Une dame, assise devant une table à écrire, à M. Gillot : 47. — 798. Dix estampes petit format : 47, 55, 40, 54. — 799. Deux estampes : 82.

800. Quatre estampes petit format : 68. — 801. Deux estampes petit format, à M. Seidlitz : 176. — 802. Quatre estampes : 255. — 803. Trois estampes : 9.

Hidémaro

804-805-806. Sourimono en largeur. Voyageurs cheminant. Temples sous la neige. Grand sourimono en largeur, figurant un jeune prince : 27.

Shikô

807-808. Estampe en hauteur, impression en noir. Estampe en largeur : 30. — 809. Deux estampes en hauteur, à M. Seidlitz : 65.

Shutchô

810. Estampe petit format, à M. Seidlitz : 36.

Tchôhounsai Yeichi

811. Diptyque, à M. Fleury : 105. — 812. Repas sous les cerisiers en fleurs : 50. — 813. Réunion de jeunes dames : 105 — 814-815. Liseuse accroupie. Une poétesse debout, à M. Cosson : 100. — 816-817-818. Une dame disposant des fleurs. Bateaux de plaisance. Deux estampes en hauteur, à M. Langweil : 135. — 819. Chasse aux lucioles : 55 et 170. — 820. Visite aux cerisiers, à M. de Vilmorin : 140. — 821-822. Trois ghéchas. Deux estampes en hauteur, à M. Yamanaka : 105. — 823. Deux estampes en hauteur : 67. — 824. Deux feuilles : 87. — 825-826. Promenade sous des glycines. Jeunes dames arrêtées : 105. — 827. Dames élégantes naviguant : 132. — 828. Jeune femme en costume de promenade : 465. — 829. Ghécha tenant les cordons d'un sachet, à M. Bing : 450.

(A suivre)

Vente de la collection de SOMZÉE

à Bruxelles

(Suite)

4me vacation

Tableaux anciens

Ecole de Sienne du XIII· au commencement du XIV· siècle

306. Maso Finiguerra dit San Giovanni. La Trahison de Judas, à M. Sedelmeyer : 1.900. — 307. Pollajuolo. Madone et quatre saints, à M. Cremer : 2.800. — 308. Pietro del Pollajuolo. Madone avec Jésus et saint Jean Baptiste, à M. Sedelmeyer : 12.500. — 300. Bronzino. Portrait de François de Médicis, à M. Beuler : 10.000. — 310. Maître inconnu. L'Annonciation, à M. Cremer : 3.600. — 312. Genre de Andrea del Sarto. Sainte Famille à mi-corps, à M. Marynen : 240.

Ecole espagnole

Maîtres du XV· au XVII· siècle

329. Maître inconnu. Grand retable polyptyque de 26 panneaux, à M. le duc d'Aremberg : 15.000. — 331. Juan de Joanes. Quatre panneaux, à M. Cremer : 500. — 533. Attribué à Carlos Frey. Le Christ et la Samaritaine, à M. Cremer : 750. — 534. François de Herrera, le Vieux. Scène réaliste, à M. Cremer : 2.400. — 538. La Visitation, à M. Cremer : 2.400. — 538. Le même, Madone : 600. — 539. Le même. Saint Joseph portant Jésus, à M. Meeus : 500. — 541. Joseph Ribera. Saint Ermite, à M. De Cœnen : 300. — 542. Le même. Vieux savant couronné, à M. Beuler : 5.100. — 544. Philippe de Champagne, d'après Velasquez. Portrait du cardinal-infant Ferdinand, gou-

verneur des Pays-Bas : 460. — 545. D'après Velasquez. Portrait-buste du même personnage, à M. Derquenn : 545.

Hispano flamand

Commencement du XV· siècle

546. Maître inconnu. Sainte Engracia, à M. de Perez : 500.

Ecole hollandaise

Maîtres du XV· et XVII· siècle

593. Alberto d'Ollanda. Saint Paul, à M. Fievez : 100. — 594. Jean Schoorel. Adoration des Mages, à M. Satinis : 4.400. — 595. Bosch. Tentation de saint Antoine, à M. Le Mié : 1.500. — 597. Benjamin Cuyp. Deux amis, à M. Meeus : 400. — 598. Le même. Apparition aux bergers : 210. — 599. Delft. Portrait de vieillard, à M. Baudouin : 2.300. — 601. Le chevalier Leiy. Concert de famille, à M. Bueso : 6.000. — 603. Govert Flinck. Portraits d'une famille de six personnes, à M. Scharz : 12.000.

604. Van der Helst. Portrait du duc d'Ossuna, à M. Poupée : 500. — 605. Attribué Gérard Honthorst. La Nativité. Effet de lumière, à M. de Ro : 780. — 607. Van Hulstenburg. Episode de la guerre de Trente ans, à M. Poupée : 210. — 608. Corneille Janssens, le Vieux. Portrait-buste de Henriette d'Angleterre, à M. Errera : 700. — 611. Maître inconnu. Paysage boisé avec baigneurs, à M. Van Berk : 500. — 614. Van Ravestein. Portrait de Dame, à M. Schlesingher : 3.200. —

Ecole allemande

Maîtres du XI· au XVIII· siècle

617. Maître inconnu. La Cène : 300. — 618. Maître inconnu. Saint-Pierre et saint-Paul, à M. Reitmeyer : 200. — 619. Maître inconnu. Le Christ montré au peuple, à M. de Ro : 900. — 621. Maître inconnu. Parabole biblique, à M. Meeus : 600. — 622. Schoengauer. Concert d'anges autour de la Madone, à M. Beuler : 6.000. — 623. Cranach, le Vieux. Sainte Catherine, à M. Mersen : 10.500. — 624. Le même. Vénus et l'Amour, à M. Fievez : 6.000. — 625. Maître inconnu. Portrait d'homme avec armoiries, à M. Cremer : 800. — 626. Marcel Koffermans. Portrait d'une femme tenant un œillet, à M. Beuler : 1.910. — 627. Le même. Portrait d'homme. Pendant du précédent, à M. Beuler : 900. — 628. Hans von Kulmbach. Nativité, à M. Poupée : 300. — 629. Rosa de Tivoli. Troupeau de moutons, à M. Defort : 320.

5· VACATION

Ecole vénitienne du XV· au XVIII· siècle

318. Giorgione. Saint Georges terrassant le dragon, à M. Cremer : 1.100. — 319. Le même. Omphale, à M. Leroux : 250. — 320. Gentile Bellini. Sainte Famille, à M. Sedelmeyer : 8.000. — 321. Giovanni Bellini. Sainte Famille, à M. Cremer : 1.000. — 322. Le même. Sainte Famille, à M. Redmeyer : 450. — 323. Venetiano. Le Christ et la Samaritaine, à M. Cremer : 7.000.

324. Paolo Véronèse. Portrait de Vénitienne : 380. — 325. Le même. Jésus chez Simon le Pharisien, à M. Beuhl de Munien : 29.000. — 326. Le même. Portrait d'une dogaresse, à M. Cremer : 6.500. — 327. Attribué à Véronèse. Vénus justicière, à M. Leroux : 340. — 330. Carpaccio. Esther devant Assuérus, à M. Fievez : 14.500.

333. Maître inconnu. Combat, à M. Bof : 210. — 334. Seb. del Piombo. Portrait en buste d'un doge, à M. de Perez : 5.000. — 336. Att. à Sebastiano Luciano. Le Baptême de Jésus, à M. Cremer : 340. — 338. Bassano. Portrait d'André Vésate, à M. Mathys : 2.800. — 339. Le même. Portrait-buste d'un sénateur vénitien, à M. Cremer : 850. — 340. Il Tintoretto. Portrait de Melchior Michael, procurateur de Saint-Marc, amiral des flottes de Venise, à M. Sedelmeyer : 4.500. — 341. Le même. Portrait d'homme, à M. Bueso : 500. — 344. Le Titien. Offrande à la déesse des amours, à M. Cremer : 8.000. — 345. Ecole du Titien. Portrait de Bianco Capello, à M. Meeus : 520.

347. Canaletto. Vue de Venise, à M. Sarlouis : 480. — 348. Canaletto. Vue de Venise, à M. Meeus : 1.800. — 349. Le même. Vue de Venise, à M. Cremer : 460. — 350. Le même. Vue de Venise, à M. Carbach : 850. — 351. Le même. Vue de Venise, à M. Deschamp : 400. — 352. Le même. Vue de Venise, à M. Cremer : 550. — 353. Le même. Vue de Venise, à M. de Gerlach : 650.

355. Le même. Ruines avec figures : 240. — 356. Guardi. Vue de Venise, à M. de la Faille : 550. — 358. Tiepolo. La Mort de Polyxène, à M. Cardon : 28.000. — 359. Le même. Portrait du pape Clément XIII, à M. Scharz : 2.400. — 360. Le même. Jésus au Jardin des Olives, à M. Cremer : 480. — 361. Le même. Le Christ parmi ses disciples : 480.

Ecoles diverses du XII· au XV· siècle

366. Maître inconnu. La Mort [de la Vierge,

à M. Cremer : 550. — 367. Ecole de Giunta Pisano. Le Calvaire entre les deux figures de l'Annonciation et, en dessous, la Madone entre saint Michel et sainte Madeleine, à M. Cardon : 3.200. — 368. Dei Crocifissi. Le Christ couronnant la Vierge, triptyque sur bois sculpté et doré, à M. Leroux : 4.400. — 372. Antoni Solario. Ecce homo, à M. Cremer : 230.

373. Pinturicchio. Jésus couronnant la Vierge, à M. Cremer : 350. — 375. Le même. La Résurrection, à M. Giheule : 340. — 374. Maître inconnu. Vierge aux donateurs, à M. Sedelmeyer : 12.000. — 378. Bramante. Madone, à M. Leroux : 450. — 381. Le Perugin. Lo Sposalizio, à M. Cremer : 1.200. — 384. Le même. Chérubins, à M. Sedelmeyer : 17.000.

385. Leonardo da Vinci. Léda, à M. Cremer : 6.000.

Ecoles diverses du XVI· siècle

394. Att. à Il Corregio. Mariage mystique de sainte Catherine, à M. Cremer : 3.000. — 395. Beltraffio. Le Christ au roseau, à M. Cremer : 1.850. — 398. Buonarotti. Le Christ sortant du tombeau, à M. Cremer : 1.100. — 399. Annibale Carracci. Saint et ange, à M. Cremer : 500. — 401. Dosso Dossi. Portrait du Duc de Ferrare, à M. Mati : 1.100. — 402. Genre de Dosso Dossi. Sainte Famille, à M. Cremer : 550.

404. Bernardino Luini. Hérodiade, à M. Cremer : 2.400. — 405. Le même. Orphée aux enfers, à M. de Peraz : 300. — 406. Le même. Saint Sébastien, à M. Cremer : 1.200. — 407. Maître inconnu. Saint évêque : 420. — 410. Idem. Hérodiade, à M. Leroux : 280. — 413. Idem. Portrait-buste d'un doge 525, à barbe blanche, à M. Herman : 200. — 414. Idem. Scène d'exécution de victimes dans l'ancienne Rome, à M. de Ro : 1.100. — 416. Hemr. La Flagellation du Christ : 220. — 417. Idem. La Sainte Famille, à M. Cremer : 400. — 431. Idem. La Vierge et l'Enfant Jésus entourés de saints et de martyrs, à M. Cremer : 650.

VACATION DU LUNDI 30 MAI

Cassones ou Coffres de mariage à panneaux peints

313. Benedetto da Majono. Cassone de religieuse, à M. Meeus : 6.500. — 314. Benozzo Gozzoli. Cassone, à M. Ministre-Bernard : 4.000. — 315. Pietro Borghese. Cassone, à M. Jules Mathis : 10.000. — 316. Attribué à Dello. Grand cassone historique, dit de Pazzino dei Pazzi, avec leurs armoiries, à M. Jules Mathis : 6.000.

317. Idem. Pendant du précédent, à M. Meeus : 6.000.

Peintures décoratives du XV· siècle

386. Tabernacle en forme de dôme architectural en bois doré. Il est orné de quatre panneaux rectangulaires et de huit panneaux cintrés représentant divers saints : 140.

Ecoles diverses du XVI· siècle

436. Montagna. La Vierge et Jésus sur un trône, entre deux saints, à M. Bueso : 380. — 437. Moroni. Portrait présumé de Torquato Tasso, à M. Jules Mathis : 700. — 438. Marco da Forli. Saint Sébastien, à M. Bueso : 3.000. — 441. Giulio Romano. La Vierge, l'Enfant Jésus, saint Jean et sainte Anne : 110. — 443. Francia. Madone, à M. Buhlen Muricq : 1.400.

446. Antonio Razzi dit Il Cavaliere Sodoma. Pieta. Déposition de croix, à M. le duc d'Arenberg : 7.500. — 449. Le même. Sainte Famille, à M. Van Maine : 1.050. — 452. Peruzzi. Copie d'après Raffaello Sanzio. La Vierge sur l'herbe, à M. Vilain : 1.100. — 453. D'après Raffaello Sanzio. Jeanne d'Aragon, à M. Bueso : 550.

454. Ecole de Raphael Sanzio. Madone, à M. Dekoene : 260. — 457. Cesare da Sesto. La Circoncision, à M. Scharf : 280. — 458. Lo Spagna. Madone, à M. Jules Mathers : 1.100. — 459. Le même. Nativité : 300. — 460. Il Carafolo. Descente de croix, à M. Marenne : 100.

(A suivre)

Mercredi a commencé la vente des objets d'art de la collection Somzée, mais les deux premières vacations, composées des étoffes anciennes, n'ont donné aucun prix important. Un panneau en satin crème brodé, travail florentin du XVI· siècle, a fait 1.100 fr. et un autre en broderie espagnole du XVI· siècle, 1.000 fr.

Par dépêche de notre correspondant :

Hier vendredi, la vacation était très importante avec les tapisseries de Bruxelles du XVI· siècle.

Voici les principales adjudications :

JARDIN D'ACCLIMATATION

Au Jardin d'Acclimatation, dimanche prochain, à 2 h. 1/2 très précises, huitième représentation d'opéra avec « les Mousquetaires de la reine », opéra-comique en 3 actes de Saint-Georges, musique de F. Halevy.

Le prix des places est fixé, pour toutes ces représentations, uniformément, 3 francs; en location, 2 fr. 50.

A 3 heures, au kiosque de la musique, concert ordinaire.

CRÉDIT ALGÉRIEN

SOCIÉTÉ ANONYME AU CAPITAL DE
8 MILLIONS DE FRANCS
10, place Vendôme, à Paris.

MM. les Actionnaires sont convoqués en Assemblée Générale ordinaire pour le jeudi 16 juin à 10 h. du matin, 10, place Vendôme, Paris.

ORDRE DU JOUR :

Lecture du rapport du Conseil d'Administration et de celui du Commissaire;
Approbation des Comptes de l'exercice 1903.
Fixation du dividende;
Nomination d'Administrateur et du Commissaire annuel.

Pour faire partie de l'Assemblée, il faut être propriétaire de 10 actions au moins et en avoir fait le dépôt le 11 juin au plus tard, 10, place Vendôme à Paris ou 6 rue Clauzel, à Alger.

Les récépissés de dépôt dans les Banques ou Sociétés de Crédit sont admis comme représentant les titres.

Le mardi 7 juin

RICHES BIJOUX

enrichis de

BRILLANTS, PERLES, RUBIS
Collier d'un rang de 51 perles
2 Grosses Emeraudes forme poires

TABLEAUX ANCIENS

Beau Buste en marbre
(Dame de la Cour) inspiré de Lemoine
Suite de vases étrusques

MEUBLES de STYLE XVIII' SIÈCLE

Belle chambre à coucher, sièges, écran en bois sculpté et laqué L. XVI.

VENTE Hôtel Drouot, salle 11.
Les mardi 7 et mercredi 8 juin à 2 h. 1/4.
M° **DESCHAMPS**, commissaire-priseur, 52, boulevard Malesherbes.
M. A. BLOCHE, expert, près la Cour d'Appel, 51, rue St-Georges.
Chez lesquels se trouve le catalogue.
Exposition publique le lundi 6 juin 1904, de 2 h. à 6 h.   4.500

Le mercredi 8 juin

CURIOSITÉS MILITAIRES

de Louis XV au Second Empire
COSTUME
FRANÇAIS ET ÉTRANGERS
Armes — Cuirasses — Coiffures

COLLECTION FONTAINE FLAMENT

TABLEAUX ANCIENS

des Ecoles allemande, flamande, française et italienne

par

Balen (Van), Beers (Van), Brackenburg, Brauwer, Breughel (le Vieux), Danloux, Dyck (Van), Guardi, Holbein, Jeaurat, Jordaens, Kessel (Van), Lagrenée, Panini, Rubens, Ryckaert, Steen, Téniers, Terburg, Wouwerman.

Vente Galerie Georges Petit, 8 rue de Sèze, à Paris

Le vendredi 10 juin 1904 à 2 heures

M° F. **LAIR DUBREUIL** | M. Georges SORTAIS
commissaire-priseur | peintre expert
6, rue de Hanovre. | 4, rue Mogador.
Chez lesquels se distribue le Catalogue.

Exposition particulière le mercredi 8 juin de 2 h. à 6 heures.
Exposition publique le jeudi 9 juin de 2 h. à 6 heures.

TABLEAUX ANCIENS

par Largillière, Prud'hon, Oudry, Bonnington, Lawrence (sir Th.), Greuze, Vestier, David

APPARTENANT A M. LE COMTE A. DE G.

Deuxième VENTE Hôtel Drouot, salle 6.

Le samedi 11 juin 1904 à 3 heures

M° **LAIR-DUBREUIL** | M. Georges SORTAIS
commissaire-priseur | peintre-expert
6, rue de Hanovre. | 4, rue Mogador.
Chez lesquels se distribue le Catalogue.

Exposition particulière jeudi 9 juin de 1 h. 1/2 à 5 h. 1/2.
Exposition publique vendredi 10 juin de 1 h. 1/2 à 5 h. 1/2.

COLLECTION EMILE GAILLARD

Objets d'art et de haute curiosité

DE LA RENAISSANCE

Faïences hispano-mauresques, orientales et italiennes, Faïences françaises, Porcelaines de la Chine et du Japon, Grès, Verrerie, Cuivres, Fers, Etains, Sculptures en bois, en pierre et en marbre, Terres cuites, Vitraux etc.

MEUBLES ET SIÈGES EN BOIS SCULPTÉS

Des XIV°, XV°, XVI° SIÈCLES

TAPISSERIES, BRODERIES, TAPIS

TABLEAUX ANCIENS

PORTRAITS DES XV° ET XVI° SIÈCLES

Vente en son Hôtel, 1, Place Malesherbes, à Paris

Du mercredi 8 juin au jeudi 16 juin 1904, à 2 heures

COMMISSAIRE-PRISEUR : M° Paul CHEVALLIER, 10, rue de la Grange-Batelière
EXPERTS

Pour les objets d'art : | *Pour les tableaux :*
MM. **MANNHEIM** | M. Jules FÉRAL
7, rue Saint-Georges | 54, Faubourg Montmartre

Exposition particulière les samedi 4, dimanche 5 et lundi 6 juin 1904, de 1 h. 1/2 à 5 h. 1/2.
Exposition publique le mardi 7 juin 1904, de 1 h. 1/2 à 5 h. 1/2.

Equipement, Harnachement
COLLECTION DE MORS
Décorations, Cuivrerie, Documents
VENTE Hôtel Drouot, salle 4.
Les mercredi 8 et jeudi 9 juin à 2 h.
M° **DELESTRE**, commissaire-priseur, 11, rue Saint-Georges.
M° Henri BERNIER, commissaire-priseur, 11, rue St-Lazare.
M. G. COURTOIS, expert, 44, rue Poussin.
Exposition le mardi 7 juin de 2 h. à 6 h.   4507

Le jeudi 9 juin

TABLEAUX ET OBJETS D'ART

Important tableau « L'Hiver » par G. Courbet. Grande toile par Jacopo da Ponti dit le Bassan. Les Congrès de Vienne, gravure avant la lettre par Isabey. Pastels anciens par Michel. Portraits Ecole française.

TABLEAUX MODERNES

Porcelaines et Faïences

Cartel Louis XIV, coffret Louis XIII.

BRONZES D'ART ET D'AMEUBLEMENT

Pendules, garnitures de cheminées, statuettes, Meubles de salon, de salle à manger et de chambre à coucher, petits meubles de fantaisie.

BIJOUX, ARGENTERIE

Plaqué, miniatures, objets de vitrine, tentures, tapis, etc.
VENTE Hôtel Drouot, salle 5.
Les jeudi 9 et vendredi 10 juin à 2 h.
A 4 heures, Cour de l'Hôtel des Ventes, le jeudi 9 juin 1904.
Phaéton avec capote garni drap marron.
M° **COULON**, commissaire-priseur à Paris, 12, rue de la Victoire.
M. Marcel CERF, expert, 49, rue Le Peletier, à Paris.
Exposition mercredi 8 juin de 2 h. à 6 h.
Au comptant. — 10 0/0 en sus   4508

Le vendredi 10 juin

COLLECTION RICHARD

JETONS FRANÇAIS

VENTE après décès de M. Richard, par suite d'acceptation bénéficiaire.
Hôtel Drouot, salle 8.
Du vendredi 10 au jeudi 16 juin 1904, à 2 h. précises.
M° Maurice **DELESTRE**, commissaire-priseur, 5, rue St-Georges.
M. BOURGEY, expert, 19, rue Drouot.
Exposition le jeudi 9 juin de 1 h. 1/2 à 6 h.   4600

---

7 PANNEAUX DECORATIFS

par
Nicolas LANCRET

appartenant à
Mme du Sommerard
VENTE Galerie Georges Petit
8, rue de Sèze.
Le vendredi 10 juin 1904, à 1 h. 1/2.
M° F. **LAIR DUBREUIL**, commissaire-priseur, 6, rue de Hanovre.
M. Georges SORTAIS, peintre-expert, 4, rue Mogador.
Chez lesquels se distribue le catalogue.
Exposition particulière le mercredi 8 juin de 2 h. à 6 h.
Exposition publique le jeudi 9 juin de 2 h. à 6 h.

Le samedi 11 juin

OBJETS DE LA PERSE

Faïences, porcelaines, cuivres, fers, Laques, armes, instruments de musique, étoffes anciennes brodées et brocuées.

BEAUX TAPIS

des XVI° et XVII° siècles
VENTE Hôtel Drouot, salle 10.
Le samedi 11 juin 1904 à 2 h. 1/4.
M° **LAIR DUBREUIL**, commissaire-priseur, 6, rue de Hanovre.
M. A. BLOCHE, expert, près la Cour d'Appel, 51, rue St-Georges, à Paris.
Exposition publique le vendredi 10 juin 1904 de 2 h. à 6 h.

Hors Paris

Le mercredi 8 juin

VENTE par suite du départ de Mme Nina d'ASTY, artiste italienne.
Le mercredi 8 juin 1904, à 2 h.
A **Neuilly-sur-Seine**, 40, boulevard Bourdon (entre la Jatte et le pont Bineau).

IMPORTANT MOBILIER
MODERNE

Ameublement de **salon** style L. XVI. **Salle à manger** style L. XV sculptée et laquée blanc, armoires à glaces à trois portes en palissandre marqueté de cuivre et acajou ciré, tables de nuit, lits, lavabo, bibliothèque, bureau de dame, casiers à musique sculptés et incrustés.

PIANO

Beau BAHUT, sièges, torchère en noyer sculpté, style Renaissance. Table de salon, consoles et glace sculptées et dorées styles L. XIV et L. XVI. Pendule éléphant et candélabres émail cloisonné. **Statues**, torchères, colonnes, appliques de Barbedienne. **Statues**, statuettes et groupes de Marnhyac et autres. Jolie PENDULE astronomique et à quantièmes en bronze ciselé et doré style L. XVI. Candélabres biscuit blanc et bronze ciselé, même style. Potiches ancienne porcelaine de la Chine, bleu et or. Emaux cloisonnés, bronzes et porcelaines de la Chine et du Japon. Lustre style L. XIV bronze ciselé et doré, suspension de style gothique en fer forgé, galeries de foyer, etc. Tableaux.

Belle Argenterie, service complet de 24 couverts, de la maison Béguin.

Voiture automobile Panhard, 2 chevaux de route, Harnais, salle de bains, meubles de jardin, Chambres de domestiques, batterie de cuisine, etc. Bicyclettes, tandem, 2 chiens danois.

Exposition publique le mardi 7 juin de 10 h. à 5 h. 1/2.
M° **René LYON**, commissaire-priseur, 20, rue Le Peletier.
M. H. LEROUX, expert, 15, rue de Grammont   1958

BAIL, à céder rue de Provence, belle encoignure, façade 30 mètres. Conviendrait à marchand de curiosités ou à bijoutier.

Écrire à M. A. Péan, agent d'assurances, avenue de la République, 51.

BULLETIN
DES EXPOSITIONS & DES VENTES

SAMEDI
A l'Hôtel Drouot

Salle n° 1. — 2 h. — *Collection de M. E.* — Antiquités grecques et romaines. — M° DELESTRE. — MM. ROLLIN et FEUARDENT.

Salle n° 3. — 2 h. — *Après décès.* — Bons meubles, pendules, aquarelles, garderobe, bijoux, nombreux volumes. — M° GABRIEL. — M. MARTIN.

Salle n° 4. — 2 h. — Bronzes d'art et d'ameublement, bons meubles, piano, tentures, literie. — M° J. APPERT.

Même salle. — 3 h. 1|2. — *Après décès.* — Beaux brillants solitaires, brillants sur papier. — M° Jules APPERT.

Salle n° 6. — EXPOSITION de 1 h. 1|2 à 5 h. 1|2. — Importante collection de perles fines appartenant à M. le marquis de X... — M° CHEVALLIER. — MM. MANNHEIM.

Salles n° 7 et 8. — 2 h. — *Collection Barbouteau.* — Peintures, estampes et objets d'art du Japon. — M° CHEVALLIER. — M. BING.

Salle n° 10. — 2 h. — Bibliothèque de feu M. le comte Godefroy de Montgrand. — M° BONNAUD. — MM. PAUL et Fils et GUILLEMIN.

Salle n° 11. — 2 h. — *Collection André Giroux.* — Estampes et dessins anciens et modernes. — M° DELESTRE et LAIR-DUBREUIL. — M. DELTEIL.

Salle n° 12. — 2 h. — *Après décès.* — Bon mobilier, bronzes, porcelaines, faïences, objets de vitrine, dentelles, tableaux anciens, gravures, aquarelles, livres, argenterie, bijoux, garderobe. — M° L. VERON.

En Ville

8, rue de Sèze, Galerie Georges Petit. — Joyaux de S. A. I. Mme la princesse Mathilde, colliers de perles, parures en perles, brillants et pierres, horloges. — M° CHEVALLIER. — MM. FALIZE et MANNHEIM.

1, place Malesherbes. — EXPOSITION PARTICULIERE de 1 h. 1|2 à 5 h. 1/2. — *Collection Emile Gaillard.* — Objets d'art et de haute curiosité de la Renaissance, tapisseries, tableaux anciens. — M° CHEVALLIER. — MM. MANNHEIM et FERAL.

128, rue de Crimée. — 1 h. — *Après décès.* — Environ 8,000 paires de chaussures, agencement, mobilier personnel. — M° TUAL et LANTIEZ.

28, rue des Bons Enfants. — 8 h. du soir. — Livres illustrés des 18° et 19° siècles, reliures de luxe. — M° BONNAUD. — MM. PAUL et Fils et GUILLEMIN.

DIMANCHE
A l'Hôtel Drouot

Salle n° 3. — EXPOSITION de 1 h. 1|2 à 5 h. 1/2. — Tableaux anciens et modernes, meubles, objets d'art anciens. — M° GARNAUD. — M. NEUMANS.

Salle n° 6. — EXPOSITION de 1 h. 1|2 à 5 h. 1/2. — Importante collection de perles fines appartenant à M. le marquis de X... — M° CHEVALLIER. — MM. MANNHEIM.

En ville

8, rue de Sèze, galerie Georges Petit. — EXPOSITION de 1 h. à 6 h. — *Collection Emile Gaillard.* — Tableaux modernes et dessins. — M° CHEVALLIER. — M. G. PETIT.

1, place Malesherbes. — EXPOSITION PARTICULIERE de 1 h. 1|2 à 5 h. 1/2 — *Collection Emile Gaillard.* — Objets d'art et de haute curiosité de la Renaissance, tapisseries, tableaux anciens. — M° CHEVALLIER. — MM. MANNHEIM et FERAL.

Département de la Seine
Villeneuve-la-Garenne, 35, quai d'Asnières. — 1 h. 1|2. — *Après décès.* — Important mobilier, 600 volumes, tableaux, bronzes, gravures, garderobe, linge, objets divers. — M° LANTIEZ et CHENAIN.

LUNDI
A l'Hôtel Drouot

Salle n° 1. — EXPOSITION de 1 h. 1|2 à 5 h. 1|2. — Meubles et sièges anciens et modernes, tableaux, faïences, porcelaines, bronzes, pendules, tapisseries. — M° LAIR-DUBREUIL. — MM. PAULME et LASQUIN.

Salle n° 2. — EXPOSITION de 1 h. 1|2 à 5 h. 1|2. — Objets d'art et de curiosités, armes et objets militaires, tapisseries, meubles. — M° CHEVALLIER. — MM. MANNHEIM.

Salle n° 3. — 2 h. — Tableaux anciens et modernes, meubles, objets d'art anciens. — M° GARNAUD. — M. NEUMANS.

Salle n° 6. — 2 h. — Importante collection de perles fines appartenant à M. le marquis de X... — M° CHEVALLIER. — MM. MANNHEIM.

Salles n° 7 et 8. — 2 h. *Collection Barbouteau.* — Peintures, estampes et objets d'art du Japon. — M° CHEVALLIER. — M. BING.

Salle n° 10. — 2 h. — Estampes anciennes et modernes, dessins, aquarelles. — M° DELESTRE. — M. ROBLIN.

Salle n° 11. — EXPOSITION de 2 h. à 6 h. — *Collection de M. S. de C...* — Riches bijoux, objets de vitrine, portraits, porcelaines, tableaux anciens et modernes. — M° DESCHAMPS. — M. BLOCHE.

Salle n° 12. — 2 h. — *Judiciaire.* — Meubles à tous usages, bronzes, tableaux, gravures, objets divers. — M° LAIR-DUBREUIL.

Salle n° 15. — 2 h. — Timbres-poste français et étrangers. — M° BONNAUD. — M. BOITEL.

En Ville

8, rue de Sèze, galerie Georges Petit. — EXPOSITION de 1 h. à 6 h. — *Collection Emile Gaillard.* — Tableaux modernes et dessins. — M° CHEVALLIER. — M. G. PETIT.

1, place Malesherbes. — EXPOSITION de 1 h. 1|2 à 5 h. 1|2. — *Collection Emile Gaillard.* — Objets d'art et de haute curiosité de la Renaissance, tapisseries, tableaux anciens. — M° CHEVALLIER. — MM. MANNHEIM et FERAL.

Département de la Seine
Saint-Mandé, 1 bis, avenue Victor Hugo. — 9 h. — Meubles courants. — M° PRUDHOMME.

Ventes en Province

Neuilly-Plaisance (S.-et-O.), 11, avenue Victor-Hugo. — Le 5 juin à 1 h. 1|2. — *Après décès.* — Bon mobilier et bijoux. — M° CARRON, gref. au Raincy.

Dennevy (Saône-et-Loire). — Le 5 juin à 1 h. — Beau mobilier ancien et moderne, sièges, tapis Aubusson, vitraux, objets de Chine et du Japon, tableaux et objets modernes. — M° DUMONT, notaire à Saint-Léger-sur-Dheune.

Château de Noiron-sur-Beze, près Mireheau (Côte-d'Or). — Le 5 juin et jours suivants à 1 h. — Succession de M. de Corgeat. — Beaux meubles anciens et modernes, tableaux, faïences, porcelaines, livres, objets d'art. — M° BORY, notaire à Mirebeau-sur-Bèze. — Affiche à consulter à la *Gazette.*

Nantes (Loire-Inférieure), 9, rue Contrescarpe. — Le 6 juin et jours suivants à 1 heures 1|2 du matin. — Judiciaire. — Environ 20,000 volumes anciens et modernes, ouvrages divers, bible rare et curieuse illustrée de superbes gravures. Tableaux, gravures. — M° PAQUIER, comm.-pris.

Douai, salle des ventes. — Du 6 au 8 juin à 2 h. — *Après faillite.* — Bon mobilier, vases et veilleuse en porcelaine de Jacob Petit, pot faïence de Sinceny, petit pendule Louis XIV, 2 fauteuils L. XVI, 2 fauteuils anciens, manuscrit du XVII° siècle, livres, etc. LES COMMISSAIRES-PRISEURS.

Lyon, Hôtel des Ventes. — Le 6 juin à 3 h. — Succession de Mme Delaroche et à la requête du maire de Lyon. — Rivière de 30 brillants anciens de 126 k. et un collier de 51 perles blanches de 196 grains. M° GAZAGNE, com.-pris. — M. Broliquier, expert.

Caen, 12, place de la République. — Le 13 juin et jours suivants. — Succession de Mme Sperling. — Important mobilier, meubles anciens, tableaux anciens, bronzes, porcelaines, argenterie, quantité de volumes, gravures anciennes, meubles époques L. XIV, XV et XVI. — Notice à consulter à la *Gazette.* M° DESMASURES, com.-pris.

Château de Banville à 3 kil. de Courseulles-sur-mer (Calvados). — Le 19 juin et jours suivants. — A 1 h. — Succession de Mme Sperling. — Beau mobilier, meubles anciens, tableaux, gravures, tapisseries d'Aubusson, pendules, bronzes, etc. M° PERROTTE et GUINAT, not. à Caen. — M. LEROI, expert à Caen.

Ventes à l'Étranger

Londres, 8 King street. — Le 2 juin. — Objets d'art et porcelaines. — Le 4. — Tableaux et aquarelles. — Le 6. — Argenterie. — Le 11. — Importants tableaux anciens et portraits historiques de l'école anglaise, collection du duc de Cambridge. — Catalogue à la *Gazette.* — M. Christie.

Munich. — Le 6 juin et jours suivants. — Collections d'art de feu M. le conseiller Dr Jacob von Hefner-Alteneck, ancien directeur du musée national de Bavière. Première partie : armes, antiquités, tableaux, dessins ; deuxième partie : gravures, eaux-fortes, lithographies, livres. — Catalogue à la *Gazette.* MM. Hugo Helbing, experts, Munich.

Auvers, rue des Douze-Mois. — Les 6 et 7 juin. — Tableaux anciens et modernes de la collection de M. Delehaye. M. Delehaye, expert.

Londres, 8, King-street. — Du 8 au 16 juin. — Collection de feu le duc de Cambridge — Porcelaines, objets d'art français anciens, miniatures, tabatières et objets de vitrine — Catalogue en consultation à la *Gazette.*

Londres, King street, salle Willis. — Les 9 et 10 juin. — Importante collection de tableaux anciens de M. Smith. — MM. Robinson et Fischer.